Gesichter Afrikas

Alfred Meyerhuber

ars vivendi

» IM KAOKOVELD
Himba-Frau am Kunene in Namibia

Aus dem »Schilfland« kamen, alten Überlieferungen zufolge, die Mbandu in das Land der Betschuanen. Ein Teil von ihnen blieb, ein anderer Teil zog mutig weiter, sie wurden die »Entschlossenen« genannt – Herero. In der Nähe des Kunene, des Grenzflusses zum heutigen Angola, fanden einige weitere Stammesteile gute Weidegründe für ihre Rinder. Die Herden wuchsen und wuchsen und waren, damals wie heute, der ganze Stolz »derer, die sich damit brüsten«, wie der Name Himba übersetzt lautet. Die Bedeutung der Stärke einer Rinderherde bei den Himba ist mit der

Im Kaokoveld

unserer »Pferdestärken« direkt zu vergleichen, beides soll Ansehen, Sozialprestige vermitteln. Rinder sind Brautpreis, werden zur Hochzeit geschlachtet. Rinder sind Opfer für Verstorbene, die dafür den Lebenden das Wohlwollen der Vorfahren sichern. Gräber großer Häuptlinge sind durch aufgeschichtete Rinderschädel gekennzeichnet. Je mehr, umso bedeutungsvoller der Verstorbene. Ansonsten aber wird kein Rind geschlachtet. Für das aride Kaokoveld sind die Rinderherden trotz mancher dezimierender Seuchen zu groß. Folge der Überweidung sind massive Vegetationsschäden.

Einen besonderen Stellenwert hat bei den Himba die Körperpflege. Aus Butter, zermahlenem, eisenhaltigem Gestein (Oxide) und aromatischen Kräutern, z. B. der Kaokoveld-Myrrhe, stellen sie Kreme her, mit der der gesamte Körper gepflegt wird. Frauen bevorzugen ein tiefes Rot, Männer Schwarz. Jede Frau komponiert mit den Aromastoffen verschiedener Kräuter ihre eigene »Duftnote«. Aufbewahrt wird das Fett für Männer und Frauen in zwei Behältern aus abgeschnittenen Rinderhörnern, einer für rotes, einer für schwarzes Fett. Sie sind durch einen ledernen Steg verbunden. Diese Einfettung hat neben dem Parfümeffekt noch

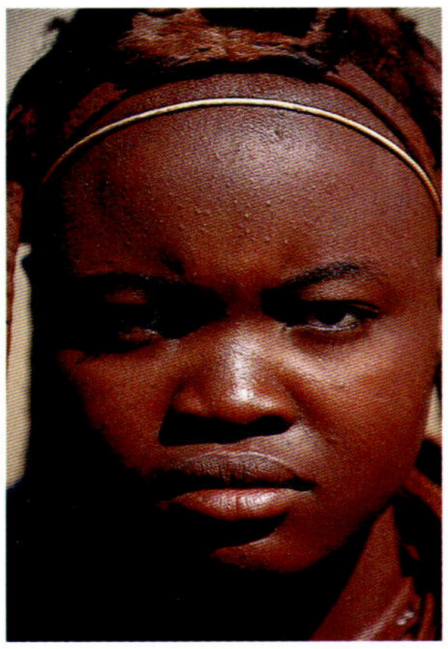

mancherlei Sinn, die Haut wird vor zu starkem Flüssigkeitsverlust, vor Kälte und Sonne, aber auch vor Insekten geschützt. Schon kleinste Kinder werden mit Fett eingerieben, wie etwa ein vor fünf Tagen geborenes Mädchen anlässlich seiner Namensgebungsfeier. Die Mutter hält das Kind mit einer Hand, das Körperchen auf dem Unterarm zum Ellenbogen hin gebettet. Der Zweitälteste des Klans hat sie zu seinem »heiligen Feuer« gebeten, das in einem Halbkreis von weißen Steinen glimmt. Aus einer Schale wird mit einem großen Holzlöffel helles Fett entnommen und dann mit der Hand über den Körper des kleinen Mädchens gestrichen. Die Zeremonie führt der Sohn des Stammesältesten durch. Er gibt dem Kind als Erster einen Namen: Katulihungu. Der Name gibt eine bestimmte einmalige, dramatische Situation im Klan wieder: Die Frau des Ältesten war todkrank und musste ständig gepflegt werden. Nachts wurde sie mehrfach gewendet. Die Familienangehörigen übernahmen abwechselnd diese Arbeit. Eine der Töchter aber half dabei nicht. Daran erinnert der Name des Mädchens, der übersetzt bedeutet: »diejenige, die geboren wurde, als die andere nicht geholfen hat«. Der nächste Name wird von Mavekvatva, der bedeutendsten Frau des Dorfes, gegeben. Sie salbt den Körper des Kindes ebenfalls und nennt es Gavesuve. Das bedeutet: »dass ihr ruhen könnt«. Die Mutter, die selbst Wapahaike (»was habt ihr gesucht«) heißt, wiederholt nun die Zeremonie. Ihr Name für das Kleine lautet: Kakurarerwa. Und das heißt: »es wird nicht geschlafen«. Jeder aus dem Dorf, der eine Beziehung zu dem Neugeborenen fühlt, benennt es, allerdings nicht mehr im Rahmen der Zeremonie. Der Name ist das Bindeglied zwischen dem Namensgeber und dem Kind. Gerufen wird das Kind mit den vielen Namen allerdings mit einer Abkürzung seines ersten Namens, also Katu.

23 ≫ IM KAOKOVELD

Zwei Himba-Männer behandeln ein krankes Rind mit einem im Feuer erhitzten Stein. Er wird dem Rind an den Hals gedrückt, bis eine Brandstelle sichtbar ist.

» IM KAOKOVELD
Alte Dame mit Krönchen aus Ziegenfell

25 ≫ IM KAOKOVELD

Die Bekleidung der Himba-Frauen besteht aus Ziegenhäuten, vom großen Unterrock über den kleinen, gefältelten Überrock bis zum Kopfhäubchen.

» IM KAOKOVELD

Die Frisuren dieser Himba-Mädchen verdecken die Augen als Zeichen ihrer Schamhaftigkeit.

Die immer wiederkehrende Arbeit der Frauen und Kinder: die Suche nach Feuerholz.

» IM KAOKOVELD
Ihr Alter kennt sie nicht. Es hat für sie keine Bedeutung.

31 ≫ IM KAOKOVELD
Junger, unverheirateter Mann – an seiner Haartracht erkennbar – lehnt, von einem Malariaanfall geschwächt, an der Wand seiner Hütte.

» IM KAOKOVELD
Der Halsring wiegt mehrere Pfund und ist nicht abnehmbar, wird also Tag und Nacht getragen.

» IM KAOKOVELD
Als besonders schön gilt die Lücke, die durch herausgebrochene Zähne entsteht.

Tjimba-Mädchen aus Angola

Himba-Frau aus dem Klan von Karamata

» IM KAOKOVELD
Verheiratete Männer tragen eine Art Turban.
Das Haar offen zu zeigen, ist nur Häuptlingen gestattet.

37 » IM KAOKOVELD
Das »heilige Feuer« neben der Lehmhütte hält die Verbindung zwischen den Lebenden und den Verstorbenen aufrecht, deshalb ist die Feuerstelle immer vorbereitet.

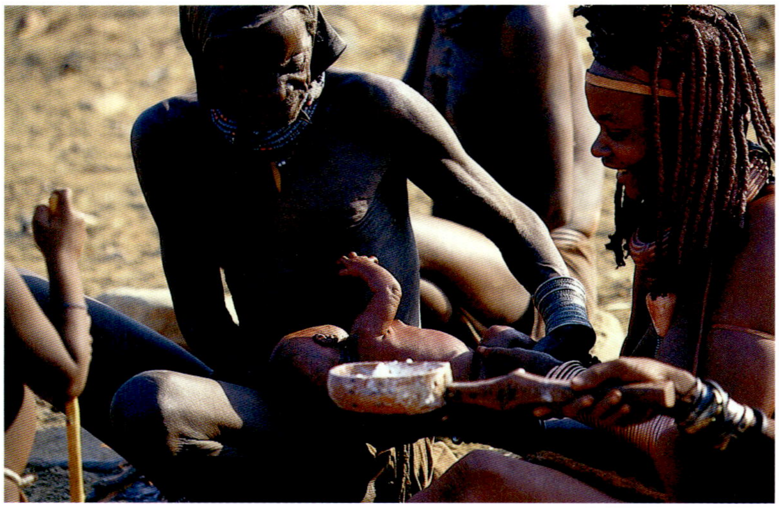

» IM KAOKOVELD
Schwungvoll wird das Kind in den Tragesack aus Ziegenfell befördert.

» IM KAOKOVELD
Das Tritonshorn, Ohumba genannt, auf der Brust der Frauen ist ein Symbol der Fruchtbarkeit.

Exerzierübungen auf dem großen Sandplatz
vor der Stadt Okahandja, Namibia

Melodisch und vokalreich ist die Sprache der Herero, wie bereits die Namen ihrer Siedlungen zeigen: Otjiwarongo, Omaruru, Ovitoto, Okahandja. In Okahandja, in der »großen sandigen Ebene«, wird am ersten Sonntag nach dem 23. August eines jeden Jahres vor allem der Helden gedacht, die in den Jahren um 1904 starben. Im Aufstand gegen die deutsche Kolonialmacht, insbesondere in der Schlacht am Waterberg, kamen vermutlich einige zehntausend Menschen (die Zahlen schwanken zwischen dreißig- und hunderttausend) ums Leben. Die Gräber von Häuptlingen

Hererotag in Okahandja

und Hererofführern wie Tjamuaha, Maharero, Samuel und Friedrich Maharero und Kapuuo sind der Treffpunkt festlich geschmückter Männer und Frauen. Zunächst defilieren die Männer schweigend an den Grabstätten vorbei, umkreisen sie, um dann den Frauen Platz zu machen. Mit betont ernsten, ja grimmigen Gesichtern klagen Männer wie Frauen den Ahnen ihr Leid: »Es geht uns sehr schlecht! Der Regen bleibt aus! Die Kudus sind mager! Die Menschen sind arm!« Die Armut aber, die sich sonst allenthalben zeigt, ist bei diesem Umzug kaum sichtbar. Die Frauen tragen kostbare Roben in gewagten Farbkombinationen. Diese Kleidung, zwölf Meter Stoff braucht man allein für einen Rock, geht auf die viktorianischen Trachten der Missionarsehefrauen zurück. Die Männer hingegen versuchen sich in martialischem Aussehen zu überbieten: Uniformen oder Teile davon, manche noch aus der Kolonialzeit, oder irgendetwas Uniformähnliches werden mit roten Bändern, Schnüren, Quasten verziert. Orden und Abzeichen vervollständigen das Erscheinungsbild der selbst ernannten Generäle. Dass ihre Auszeichnungen nicht selten Vereinsembleme, ja Faschingsorden und Spielzeugsheriffsterne sind, tut ihrer Würde keinen Abbruch. Und obwohl mancher eher als Parodie erscheint,

bei der Parade ist er vorne mit dabei. Auf dem staubigen Exerzierplatz marschieren Trupps auf und ab, Fahnen werden geschwenkt, Schüsse klingen auf, alles, um die Ahnen zu ehren. Die Wunden der Kolonialzeit sind noch nicht verheilt und manch offizieller Vertreter reklamiert, dass frühere Hereroländereien nach wie vor weißen Farmern gehörten, die von den Verfehlungen der Kolonialpolitik profitierten. Aber es gibt auch eine sympathische Seite dieser Medaille am Hererotag: Friedhelm von Seydlitz, ein, wie der Name schon sagt, deutschstämmiger Farmer, wird von den Herero respektvoll und mit Zuneigung als »weißer Herero« bezeichnet. Sein Sohn reitet als einziger Weißer gar an der Spitze des Zuges der Männer, seine Tochter geht mit den Frauen zu den Gräbern. Und wenn der Tag endet, der Hererotag, der Tag der Heroen, dann kehren die festlich gekleideten Menschen heim in ihre Hütten und Häuser aus Lehm und Blech. Doch auch diese Behausungen aus schlichten Materialien sind gestaltet und geschmückt. In Ovitoto steht Häuschen an Häuschen, manches kaum größer als ein Zimmer, aus flach geklopften Ölfässern gebaut. Sorgfältig wird Blechplatte über Blechplatte gefügt und, wenn das spärliche Geld reicht, mit Farbe überstrichen. Helles Blau, giftiges Grün oder auch ein Farbenzusammenspiel – jedes Haus erhält seinen ganz eigenen Charakter.

Jeder sein eigener General

Kriegsrat

» **HEREROTAG IN OKAHANDJA**
Was bedeutet ihm diese zusammengewürfelte Abzeichen-Sammlung?

» **HEREROTAG IN OKAHANDJA**
Die Veteranen sind müde.

» **HEREROTAG IN OKAHANDJA**
Je martialischer das Aussehen, desto höher das Ansehen

51 ≫ HEREROTAG IN OKAHANDJA
Die Männer kommen von den Gräbern der Häuptlinge, die Frauen gehen dorthin.

Viktorianische Trachten für Jung und Alt

» HEREROTAG IN OKAHANDJA
Diese Herero-Frau aus Ovitoto hat, so sagt sie, einen deutschen Großvater, der Kolonialsoldat war.

» HEREROTAG IN OKAHANDJA
Der Zug der Frauen zu den Gräbern

59 ≫ HEREROTAG IN OKAHANDJA
Ob aus Lehm oder Blech, die Behausungen haben Charakter.

Die Buschleute, das Volk der San, waren Namibias erste Bewohner. Felsmalereien und -gravuren, besonders im Damaraland, zeugen davon. Nach dem Schöpfungsmythos der San hat ihr Urahne Karatuma als erster Mensch Rinder gesehen. Allerdings hat er die Bedeutung gezähmter Tiere für das Überleben nicht erkannt. Deshalb wurden die Buschleute nicht sesshafte Viehzüchter, sondern lebten als Jäger und Sammler, als kundige Fährtenleser, Pflanzenkenner und konsequente Verwerter all dessen, was ihnen die karge Natur der Kalahari bot. Straußeneier dienten als Wasser-

Buschleute der Kalahari

behälter, aus Giraffensehnen wurden kunstvolle Tragenetze geflochten. Die Jagdpfeile wurden mit Gift von Euphorbien, Käferlarven und Schlangen getränkt und aus dem trockenen Wüstenboden saugten die Buschleute mit hohlen Pflanzenstängeln verborgenes Wasser. Dieses traditionelle Leben wurde bis ins 19. Jahrhundert unserer Zeitrechnung aufrechterhalten. Der gewaltige Sprung in die Neuzeit, die Akkulturation, gelang den Buschleuten nicht. Sie hatten den eiskalten Wüstennächten, den tobenden Sandstürmen getrotzt, hatten Alte und Sterbenskranke zurückgelassen, um das Überleben der Sippe, der Familie nicht zu gefährden — Mütter mit Mehrlingsgeburten durften aus diesem Grund sogar nur ein Kind nähren. Widerstand gegen die fremde Kultur aber konnten sie nicht leisten. Und so verwundert es nicht, dass die heute lebenden !Kung- und Hei'kum-Buschleute kaum mehr eine Verbindung zu ihrer traditionellen Lebensweise haben. Sie durchstreifen nicht mehr die Kalahari, sondern siedeln in der Nähe von Farmen. Das Sammeln von Pflanzen bietet keine Ernährungsgrundlage mehr, Farmarbeit ist überlebensnotwendig.
Wenige Männer gehen noch auf die Jagd. Sie sind Könner und Kenner ihres Waidwerks. Mehrere Dutzend verschiedene Arten von Pfeilen haben sie

in ihren Köchern. Für die Jagd auf Vögel sind Pfeile mit holzgeschnitzten Spitzen bestimmt. Sie sind wie kleine geschuppte Zapfen geformt, die sich nach einem Treffer verhaken. Giftpfeile haben knöcherne Spitzen, die im Körper des Tieres abbrechen, damit das Gift seine Wirkung voll entfalten kann. Geschmiedete Spitzen sind rasierklingenscharf und ganz unterschiedlich geformt, lanzenförmig schmal für die Jagd auf Kudus, breit und kurz für kleinere Tiere. Verletzte Beute, die gestellt wird, ist gänzlich fluchtunfähig, wenn mit Pfeilen, deren Spitzen wie konkav geschliffene kleine Schaufeln wirken, die Sehnen der Läufe durchschossen werden. Aber die Kunst des Jagens geht immer mehr verloren, die uralte Lebensweise der Buschleute gibt es nicht mehr. Und die lehmgeformten Rundhütten, die halbkugelförmigen Behausungen aus Pflanzenteilen, sind Lumpen-Iglus gewichen. Bei Tstintsabis hat die Regierung eine »farbenfrohe«, jedoch triste Barackensiedlung erstellen lassen. Die Buschleute beziehen sie nicht. Sie leben in Großfamilien in Hütten, die mit Decken und Planen, mit Stoffresten jeglicher Art bedeckt sind, um die bittere nächtliche Kälte abzuhalten. Ein Einbruch lohnt nicht und doch verschließen viele Buschleute ihre Behausungen mit Türen aus Holz oder Blechabfällen und sogar mit kleinen Vorhängeschlössern. Diese sind Statussymbol, denn die Türen haben keine Angeln und die Hütten keine festen Wände. Die Schlüssel zu den Schlössern oder auch Schlüssel ohne jede Funktion werden als Schmuckstücke getragen.
Wir empfinden unseren Weg in die Zukunft als schwer zu begehen, die San aber müssen erst in ihrer Gegenwart ankommen.

Stolz präsentiert ein Jäger sein Arsenal an Pfeilen.

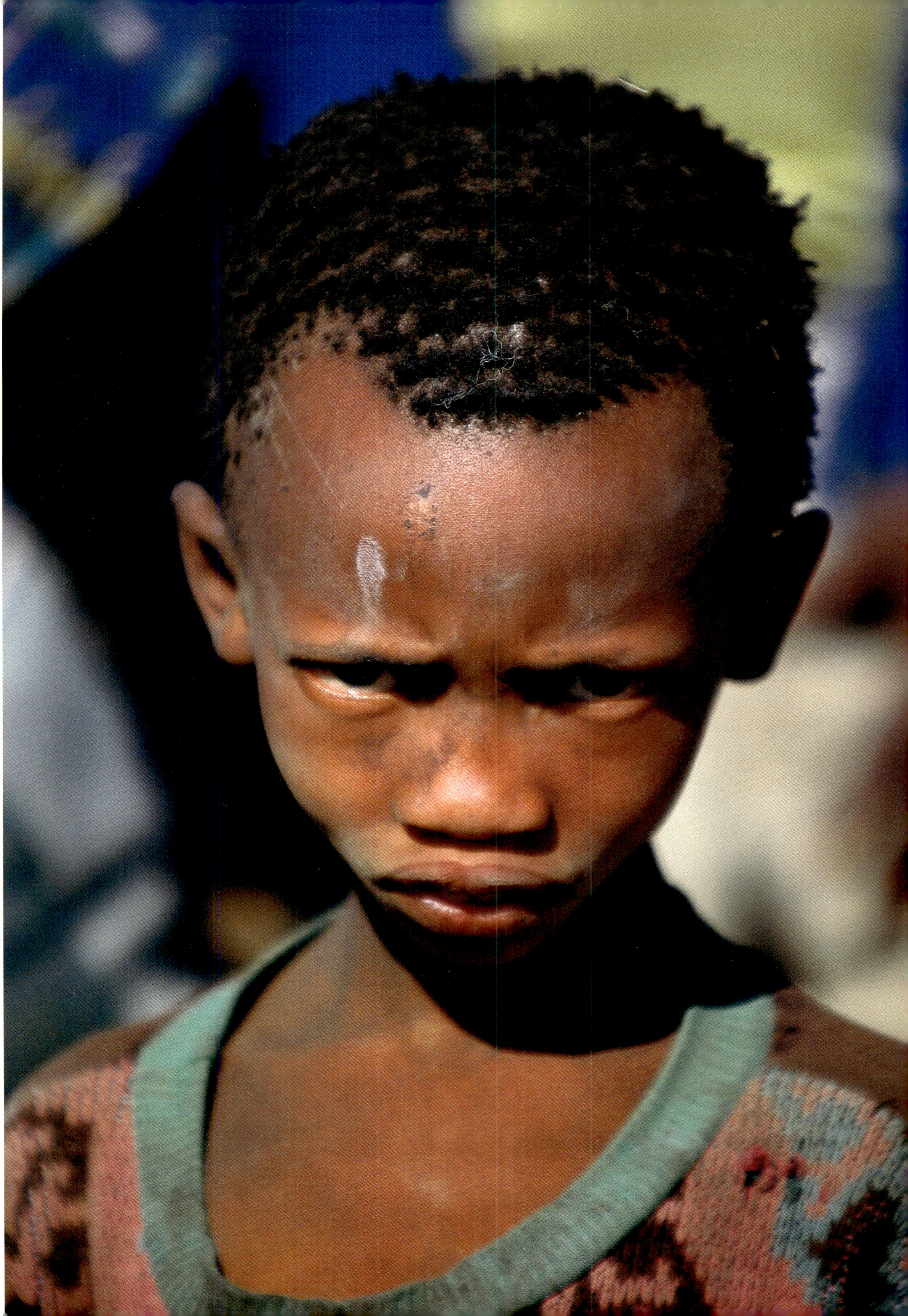

» BUSCHLEUTE DER KALAHARI
Eine besondere Eigenart der Buschleute sind »Pfefferkorn«-Haare.
Kleine Inseln aus krausen Haaren, groß wie Pfefferkörner, bedecken den Kopf.

» BUSCHLEUTE DER KALAHARI
Ein Sammelsurium von Stoffresten bedeckt die Bienenkorbhütte.

Die gesamte Habe hängt in einem Baum neben der Hütte oder liegt auf einem Gestell aus Ästen.

» BUSCHLEUTE DER KALAHARI
Bei Tsintsabis im nördlichen Namibia

» BUSCHLEUTE DER KALAHARI
Spuren kann Aaron, ein Hei'kum-Buschmann, genauso leicht lesen wie ein Europäer ein Buch.

» BUSCHLEUTE DER KALAHARI
Säcke und Stofffetzen schirmen den Wind ab.

» PYGMÄEN IM REGENWALD
Pygmäen-Mädchen am Sangha-Fluss, Zentralafrikanische Republik

Wer weit tragende, hohe Jodelgesänge hört, wird zum Beispiel an den Harz oder die Alpenregion denken, kaum aber an die Pygmäen des zentralafrikanischen Regenwaldes. Wissenschaftler nehmen als sicher an, dass das Jodeln der Bayaka-Pygmäen unabhängig, also »kulturanalog« entstanden ist. Der Zweck war derselbe, nämlich sich über weite Strecken hinweg, sei es von Alm zu Alm oder eben bei der Jagd im Regenwald, zu verständigen. Oder auch beim Liebeswerben. Die Pygmäen am Sangha-Fluss sind wie vor Urzeiten Jäger und Sammler. Der Urwald ist ihre Lebensgrundlage.

Pygmäen im Regenwald

Nahezu alles ist verwertbar, ob als Nahrung, als Baumaterial, für Medizin oder als Werkstoff für Gebrauchsgegenstände, Musikinstrumente und Werkzeuge. Auch gegessen wird fast alles: Früchte, Pilze, Wurzelknollen wie Yams oder Maniok, Termiten, Käfer, Engerlinge, Raupen, Schnecken, Reptilien, Vögel und, bei entsprechendem Jagdglück, etwa Blauducker. Diese kleinen Antilopen können aber nur erlegt werden, wenn viele zusammenhelfen. Ob Mann, ob Frau ist gleichwertig. Denn bei den Bayaka gibt es keine geschlechtsbezogene Arbeitsteilung Sammeln/Jagen. Jeder hilft dort, wo man ihn braucht. Und so ziehen mit mir etwa zehn Frauen und halb so viele Männer auf die Blauducker-Jagd in den Regenwald. Manche Frau und mancher Mann trägt ein Netz (bò.kià) über der Schulter, das etwa einen halben Zentner wiegt. Es ist aus Lianenfasern geflochten, einen knappen Meter hoch und an die zwanzig Meter lang. Mehrere Netze werden mit geschnitzten Holzhaken (mò.ngèbé) zu einem fast zweihundert Meter langen Halbkreis zusammengehängt. Mit kleinen Astgabeln wird der untere Netzrand im Urwaldboden, der obere im Geäst von Büschen befestigt. Die Pygmäen bewegen sich lautlos, gelenkt von Gesten und Blicken des mò.túmá, des Meisterjägers. Und plötzlich: Geschrei im

Urwald, schrille, helle Kopftöne der Frauen, dunkle, gutturale Hô-hô-hô-Rufe der Männer. Die Treibjagd hat begonnen! Sie jagen die Blauducker. Ein hektisches Rascheln in den Blättern, ein kleines, graubraunes Etwas schießt pfeilschnell an mir vorüber, zappelt im Netz, versucht sich freizukämpfen – ohne Erfolg. Guma, eine Jägerin, eilt herbei, nimmt einen Ast, schlägt auf das strampelnde Tier ein, wirft den Stock weg, sucht und findet unter den Blättern einen Stein und tötet damit die Antilope. Die Jagd ist überaus erfolgreich, nach dreimaligem Aufspannen des Halbkreises der Netze sind sieben Blauducker zur Strecke gebracht. Bole, der Meisterjäger, ist zufrieden. So viele Tiere hat die Jagdgemeinschaft schon lange nicht mehr erlegt. Erwachsene Blauducker wiegen etwa fünf Kilogramm. Das Fleisch wird für viele hungrige Mägen reichen. Aber zuerst muss geteilt werden. Teilen gehört in der Pygmäen-Gesellschaft zu den sozialen Normen, ist lebensnotwendig. Regeln gelten jedoch auch hier: Das Beutetier gehört dem Eigentümer des Netzes, der sich meist mit einer Keule und den Innereien, die eine Delikatesse sind, begnügt. Der Töter des Tieres erhält Kopf und Hals. Die anderen Jägerinnen und Jäger partizipieren ebenfalls. Während des Zerlegens wird auf der kleinen Lichtung im Urwald lautstark darüber disputiert, wer was bekommt. Frische, große Blätter werden ausgebreitet, das zerwirkte Tier verteilt, eingewickelt und mit Lianen verschnürt. Dann beginnt Bole vor den klatschenden und singenden Jägerinnen einen wilden, ausdrucksstarken Tanz, sein Beutebündel hält er in der geballten Faust. Bonga, Namo und Guma, die Frauen, lachen, zeigen ihre spitz gefeilten Zähne und sind stolz auf den gemeinsamen Erfolg. Die kleinen Menschen des Urwaldes werden heute Abend ein Fest feiern. Alles wird gegessen werden. Vorräte, Reserven kennt man nicht. Morgen werden sie, die Frauen und die Männer, wieder auf der Suche sein. Und sie werden sagen: »Bà lángò nà ndimà, unser Platz zum Schlafen ist der Wald!«

» PYGMÄEN IM REGENWALD
Die Beute des Jägers ist eine Blauducker-Antilope.

» PYGMÄEN IM REGENWALD
Bole tanzt mit seiner Beute vor den Jägerinnen.

Lausgruppe

83 ≫ PYGMÄEN IM REGENWALD
Pygmäen-Frau kehrt mit gesammelten Blättern aus dem Urwald zurück.

» PYGMÄEN IM REGENWALD
Bienenkorbhütte in der traditionellen Bauweise der Pygmäen

Guma, die Jägerin, singt nach der Jagd.

» PYGMÄEN IM REGENWALD

Zierde und Statussymbol: ein Bleistifstummel im Haar

» PYGMÄEN IM REGENWALD

Das Transistorradio geht schon lange nicht mehr, aber es wirkt ...

» PYGMÄEN IM REGENWALD
Spitz gefeilte Zähne im Oberkiefer und scheinbar ungeordnete Skarifikationen machen diese Frau schön.

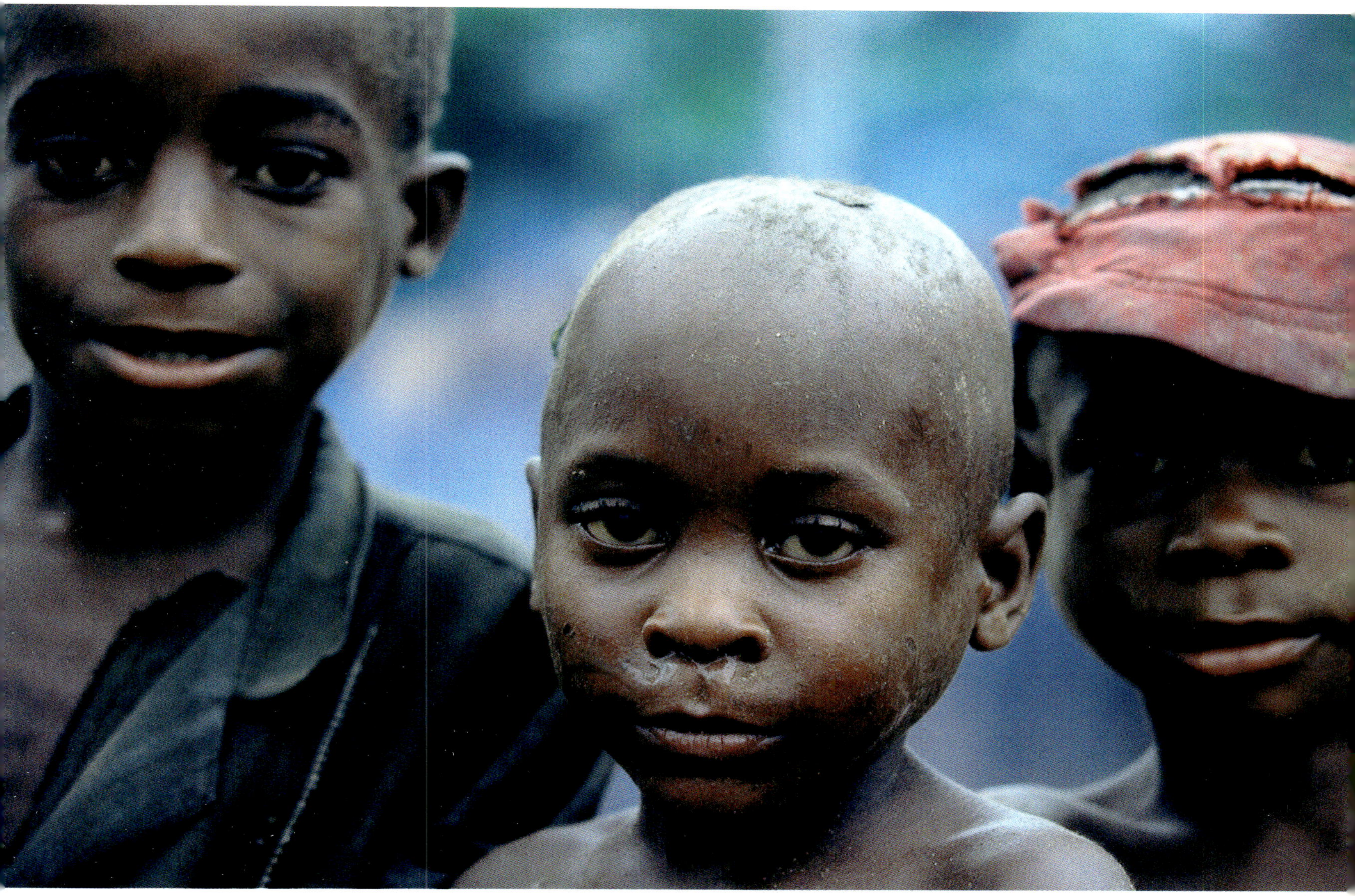

In die durchbohrte Oberlippe stecken die Frauen Holzstücke, kleine Äste oder Blätterbüschel.

René Gardi war hier, Nigel Barley auch, jedenfalls an ihrem Fuß. In den Alantika-Bergen im Norden Kameruns sind die Dörfer der Koma nur in mühsamen Fußmärschen zu erreichen. Im Jahr 1955 stand René Gardi lediglich eine alte handgezeichnete Karte eines Teils der Alantika-Berge zur Verfügung, deren Orts- und Entfernungsangaben recht frei geschätzt waren. Bei Gardis zweiter Expedition im Jahr 1980 war es nicht anders. Und auch ich habe keine neuere Karte zur Hand. Dafür ist Dabala Dji Dieudonné aus Maroua mein Führer. Er heuert Weiziri, einen ortskundigen

In den Alantika-Bergen

Koma, an, der fünf Träger unter sich hat, die jeden Stein in den Bergen kennen. Wangai, der Sitz des Lamidos, des weltlichen und geistlichen Oberhaupts, ist in dieser Karte verzeichnet und Bimlerou-bas. Hier regiert Dorfchef Voksi, den auch René Gardi schon bei seiner ersten Expedition kennen lernte, hochbetagt und verschmitzt lächelnd sein Volk. Schon bei Librou, wenige Kilometer nach Bimlerou-bas, endet die Karte, dort beginnt aber erst der Aufstieg nach Wipi, dem Ziel unserer Expedition. Auf dem Fußmarsch dorthin muss man alles, was man braucht oder zu brauchen glaubt, selbst tragen oder durch Träger befördern lassen. Vielleicht wegen dieser Abgeschiedenheit nannten die islamischen Talbewohner das Bergland Alantika, eigentlich Allah N'tika, das heißt: »selbst Gott steigt dort nicht hinauf« oder »das gottverlassene Land«. Hexenfallen säumen den Weg – Steine, die nur von Zauberern berührt werden dürfen und wie archaische Mäusefallen aussehen. Ein oder mehrere Stützsteine tragen einen größeren Deckelstein. Stößt eine Hexe die Stütze weg, so klappt der Deckel zu – die Hexe ist gefangen. Sie dann dingfest zu machen und die Falle wieder neu zu stellen, ist ausschließlich Sache der Zauberer, die die Steine zudem mit blutroten Strichen versehen.

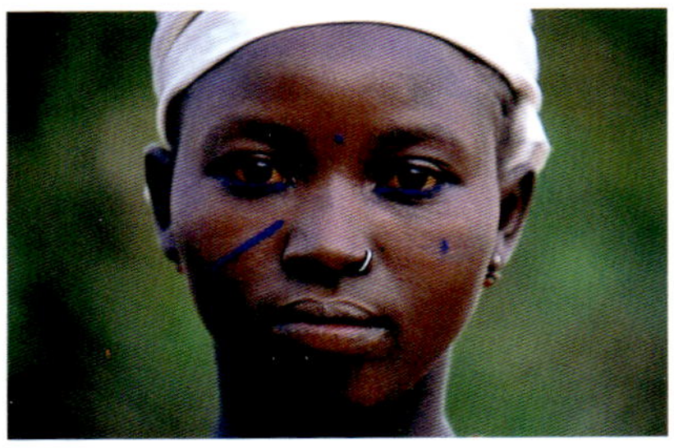

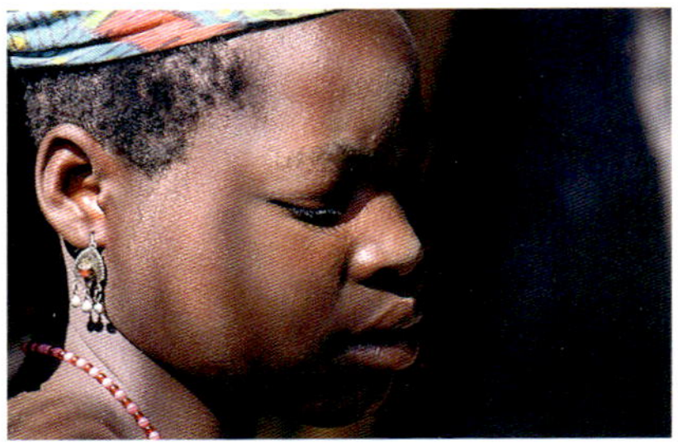

Abends in Librou angekommen, sehe ich kaum achtjährige Jungen im Initiationslager. Sie wirken wie kleine Büsche, die laufen können, umgürtet mit reich belaubten Ästen. Deutlich sichtbare Blutspuren zeigen an, dass die Initiation vollzogen wurde. Bis die Wunden ausgeheilt sind, bleiben die Jungen, schweigend, im Lager.

Wir schlafen unter freiem Himmel, inmitten großer Felsbrocken, erschöpft ein. Nachts lodern auf den Graten der Berge Buschfeuer auf, schmale Feuerbänder, entstanden durch die sengende Tageshitze von fast fünfzig Grad, ziehen durch die samtene Finsternis, rücken näher und näher an Librou heran. Das Dorf ist auf den Beinen und hellwach. Diese Situation, eine brenzlige im Wortsinne, ist nur zu gut bekannt, kehrt wieder und wieder. Die Koma aber zügeln die galoppierenden Feuer, heben Gräben aus, schlagen Büsche und Bäume ab und räumen die vorsorglich angelegte Feldschneise von Ernteresten frei. Das Dorf bleibt verschont. Am nächsten Morgen sind die Feuer auf die andere Seite der Berge geklettert, wohin auch wir gehen. Bis auf wenige zehn Meter knistert es neben den schmalen Pfaden. Und einmal wird es selbst dem erfahrenen Koma-Führer Weiziri zu heiß und er springt mit seiner schweren Last über Stock und Stein. Auf die Frage, was tun, wenn die Feuer kommen, antwortet er lakonisch: »Laufen, laufen, solange du Kraft hast.« In Wipi steht die Zeit still. Hoch in den Alantika-Bergen gibt es keine Motorengeräusche, keine Fernseh- oder Radioapparate. Nur der Wind wiegt sich in den mächtigen, alten Bäumen auf dem Dorfplatz. Diese Atmosphäre fühlt René Gardi, wenn er schreibt: »Ich liebe diese ereignislosen Tage, man wird von der ruhigen Stimmung getragen, die alles erfüllt, kennt keine Eile mehr, verliert alle Ungeduld und langweilt sich nie, auch wenn kaum etwas geschieht.«

95 ≫ IN DEN ALANTIKA-BERGEN
Voksi, der Chef von Bimlerou-bas. Bim soll der Name des ersten Siedlers gewesen sein und Lerou bedeutet Berg. Voksi ist also der Bürgermeister von Unterbimberg.

Maskentänzer in Wipi

» IN DEN ALANTIKA-BERGEN

Initiierte Jungen in Librou. Zum Zeichen, dass sie ihr Schweigegelübde wahren, verschließen sie den Mund mit den Händen.

Von oben nach unten: Dorfchef, Dorfältester, Bierbrauerin in Wipi

» IN DEN ALANTIKA-BERGEN
Ein Alter aus Wipi beklagt die Schlechtigkeit der Welt und raucht dabei genüsslich ein Blättergemisch.

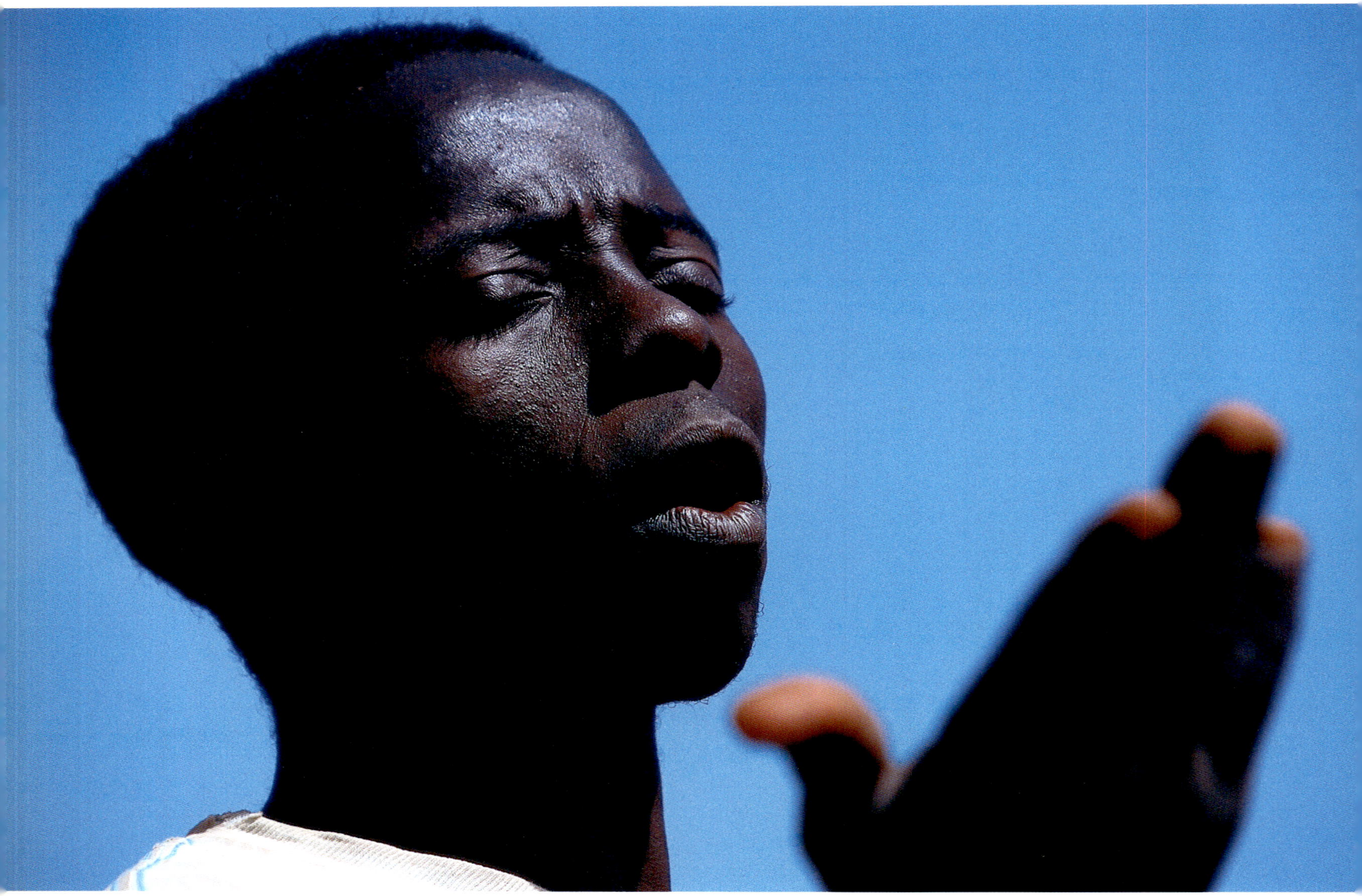

Routi, einer der Träger, singt.

» IN DEN ALANTIKA-BERGEN
Omarou Adjoudji, Lamido von Wangai

105 ≫ IN DEN ALANTIKA-BERGEN
Zwei der dreizehn Kinder des Lamido von Wangai

Abendliche Szene in Wipi

107 » IN DEN ALANTIKA-BERGEN
Ein Hirte bei Nakmalo spielt, auf den rundgeschliffenen Felsen am Ufer des Bergflüsschens sitzend, die Rohrflöte.

» IM LAND DER KAPSIKI
Der Pic de Rhumsiki, einer der erodierten Vulkanschlote

Die Kirdi, »Ungläubige«, leben in Bergregionen Kameruns, im Grenzgebiet zu Nigeria. Ungläubig werden die Stämme der Kapsiki, Mafa, Mandara, Podoko genannt, weil sie nach wie vor Animisten sind und keiner der großen Weltreligionen angehören. Für sie ist die Welt voller Geister, guter und böser, die in das Leben eingreifen und deshalb versöhnlich gestimmt werden müssen. Das Christentum gewinnt zwar an Boden, jedoch ist jede Mischform zwischen alten und neuen Göttern, zwischen altem und neuem Glauben möglich. So wird von einem jungen

Im Land der Kapsiki

Mann aus Rhumsiki berichtet, der sich selbst als Christ-Animist bezeichnet, jeden Sonntag zur Kirche geht, auf die Polygamie jedoch nicht verzichtet. Und der Dorfchef fragt natürlich den Zauberer, wenn es um die Aussichten auf eine schmale oder eine ertragreiche Ernte geht. Dieser hat eine besondere Auskunftsquelle, eine Krabbe! Täglich füttert er sie mit drei Hirsekörnern. Wenn das Krabbenorakel befragt werden soll, richtet der Zauberer zunächst die untere Hälfte eines Tonkruges her. Unter dem Murmeln alter, mystischer Sprüche ordnet er geschnitzte Kalebassenteile, Holzstückchen und -stäbe in einer geheimen Abfolge zu einem besonderen Muster. Sodann entnimmt er die Krabbe einem wassergefüllten Krug, setzt sie in die vorbereitete Schale und verschließt diese mit dem oberen Teil des Tonkruges. Während geheimnisvoller Beschwörungen des Zauberers verrichtet die Krabbe ihr seherisches Werk. Es dauert geraume Zeit, bis der Alte den Deckel lüftet. Er nimmt die Krabbe in die Hand und prüft genauestens jede noch so kleine Veränderung im Muster, denn alles hat Bedeutung, alles ist Botschaft. Wie um seine gewonnenen Erkenntnisse zu bestätigen, hält er die Krabbe an sein linkes, dann ans rechte Ohr und hört ihr gespannt zu. Denn die Hinweise,

die die flüsternde Krabbe gibt, ergänzen nicht nur ihr Tun, sondern sind das eigentliche Orakel, das vom Krabbenzauberer von Rhumsiki mit ehrfurchtsvoller Stimme als Weisheit der anderen Welt verkündet wird. Bevor der Ratsuchende geht, bespritzt der Alte dessen Schuhwerk mit Wasser aus dem Krug der Krabbe und erteilt seinen Segen. Unter den mächtigen Arbres de palabre am Ortseingang werden dann das Ergebnis und die Konsequenzen der Weissagung diskutiert. Die Kapsiki, wie die Bewohner Rhumsikis sich nennen, sind überhaupt sehr offene Menschen, das Leben spielt sich auf der Straße ab. In den Gassen des Dorfes zwischen den Lehmmauern der Häuser und Höfe, auf den kleinen, mit Felsbrocken übersäten Plätzen wird gearbeitet: Geschickt drehen die Spinnerinnen mit einer Spindel Garn aus Baumwolle, die Weber wiederum verarbeiten dieses auf ihren traditionellen Webstühlen. Es entstehen viele Meter lange, kaum zwanzig Zentimeter breite Streifen, die zu Gewändern oder Decken zusammengenäht werden. Die Töpferinnen und Töpfer formen archaisch anmutende, dunkle Tongefäße.

Das Dorf liegt in einer eigenartigen, beinahe bizarren Landschaft. Die von der Erosion freigelegten, erstarrten Feuerschlünde uralter Vulkane ragen wie zeigende Finger in den klaren Himmel. Mit Mondgebirgen sind diese Vulkanschlote, wie der Pic de Rhumsiki, verglichen worden. Als eine der schönsten Landschaften der Welt bezeichnete André Gide, der große französische Schriftsteller, das Land der Kapsiki im hohen Norden Kameruns.

Tankstelle in Maroua

Arbeit am Reibestein

» IM LAND DER KAPSIKI
Baumwollspinnerinnen

» IM LAND DER KAPSIKI
Kriegerischer Tänzer

Strohhüte sind die typische Kopfbedeckung.

Der alte Zauberer von Rhumsiki befragt das Krabbenorakel.

» IM LAND DER KAPSIKI
Marktszene in Mokolo

Junger Kapsiki in Mokolo

» IM LAND DER KAPSIKI
Mehr Reichtümer als das Kleid, das sie trägt, hat sie nicht.

Wir diskutieren, verhandeln, streiten, lautstark und heftig – in aller Freundschaft, versteht sich – Amadou, der Chef-Pinassier im Hafen von Mopti und ich. Die Pinasse soll mich zum Hafen Timbuktus, Kabara, fahren und muss, das ist mir wichtig, in den Dörfern anlanden, die eine aus Lehm gebaute Moschee haben. Und die haben viele! Also sind die Gespräche langwierig, weil die Landemanöver angeblich so schwierig sind und viel Sprit kosten und selbst ein erfahrener Pinassier wie er das kaum schaffe. Sagt er. Nachdem aber sein Preis für die Fahrt stimmt, wird alles wunder-

Am Ufer des Niger

bar einfach und leicht. So einfach und leicht, dass seine Erfahrung bei der Reise gar nicht mehr nötig ist, sondern seine drei Songhay-Söhne die Mannschaft sind: der vierundzwanzigjährige Kapitän Boubakar, als Koch sein Bruder, zwanzig, der ebenfalls Boubakar genannt wird, und der jüngste Bruder Edrissa, dreizehn, als Schiffsjunge. Kurz nach Mittag ist die Pinasse beladen, der Proviant verstaut. Der Ort unseres ersten Landgangs heißt Nimitogo. Die verspielten, keramischen Aufsätze, die die Zinnen der Moschee beschließen, kontrastieren stark mit den strengen Kuben der Lehmhäuser. Bei Sonnenuntergang erreichen wir Kotaga. Tiemoko

kurzerhand aus der Pinasse ein grün bemaltes Brett, spaltet es mit dem Ankereisen und bald lodern rote Flammen aus dem grünen Holz. Tiefe Grunz- und Gurgellaute, kehliges Kollern wecken uns früh. Eine Herde Flusspferde hat ihre Nachtmahlzeit beendet und verlässt das Inselchen, auf dem wir beinahe übernachtet hätten!

Die Moschee in Kotaga besteht aus zwei Bauwerken, einem alten, doppelstöckigen Kern, überbaut von der turm- und türmchenbesetzten neuen Moschee. Stämmige Lehmsäulen, in engen Reihen machtvoll Platz auf Platz gesetzt, verfehlen ihre Wirkung nicht. Der blinde Wächter erzählt mit leiser Stimme wundersame Geschichten von der Entstehung der alten Moschee. Der Niger verbreitert sich bald zum Lac Debo, einem gigantischen Binnensee, der, obwohl die Fläche unermesslich scheint, stellenweise kaum knietief ist. Hin und wieder steigen wir aus dem Boot und schieben. Unzählige, nomadisierende Bozo-Fischer gehen ihrem Handwerk nach, transportieren Lasten quer über den See oder staken in ihren Pirogen Menschen von Ufer zu Ufer. In diesen Tagen gehen wir in vielen Dörfern an Land, wie Bouna, Aka, Katara und Sébi. Die Moschee von Sébi ist klein, wirkt aber wie eine fulminante moderne Plastik.

Als ich vor der Moschee mehrfach bewundernd »gut« sage, greift dies ein Junge neben mir auf, wiederholt »gut, gut«, das Mädchen daneben auch.

» AM UFER DES NIGER
Die grandiose Moschee von Kotaga

» AM UFER DES NIGER
Tuareg-Hochzeit nördlich von Diré

» AM UFER DES NIGER
Blinder Moscheewächter in Kotaga

Ältester von Katara

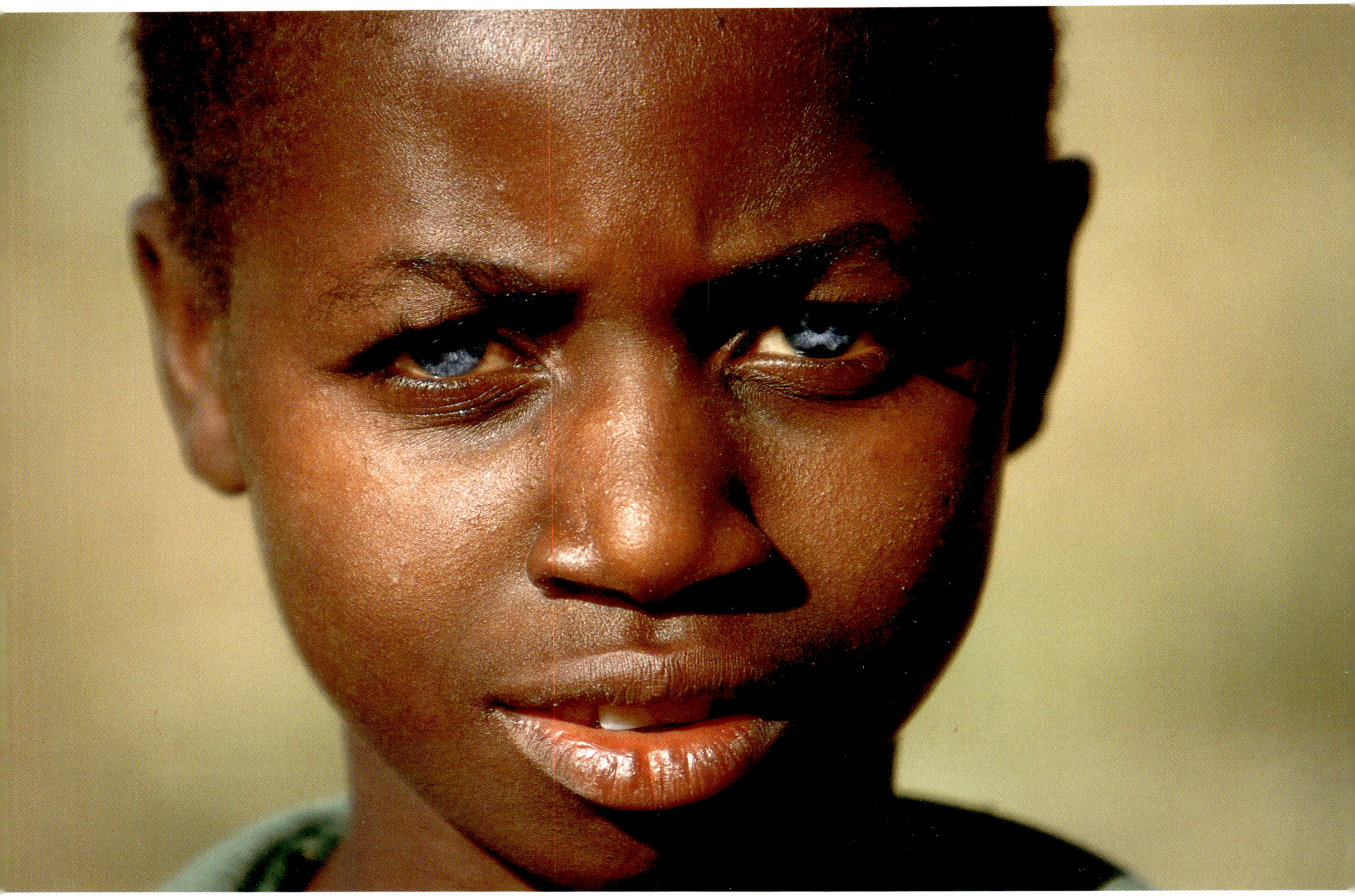

Junge aus Farako

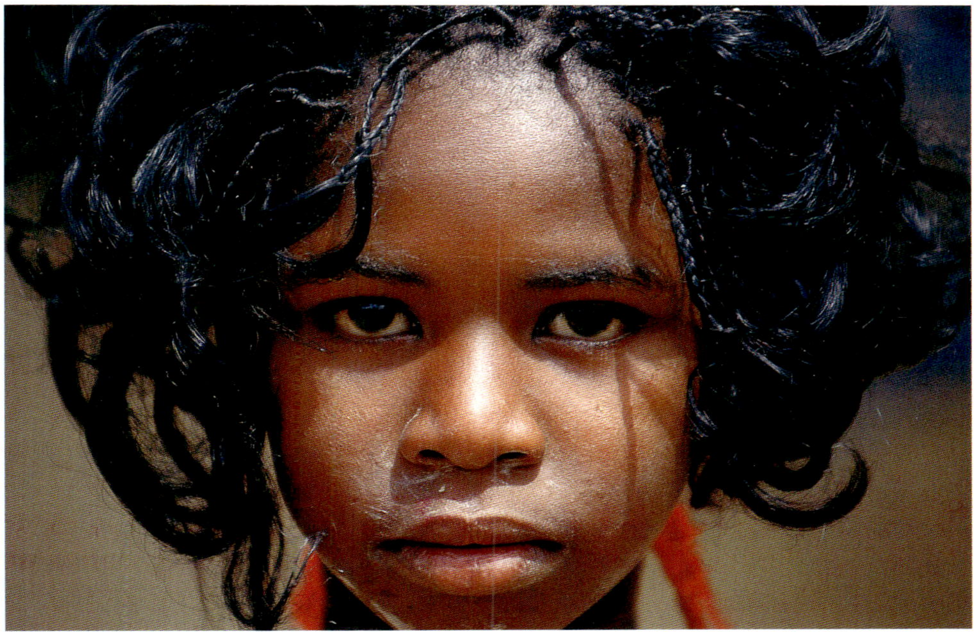

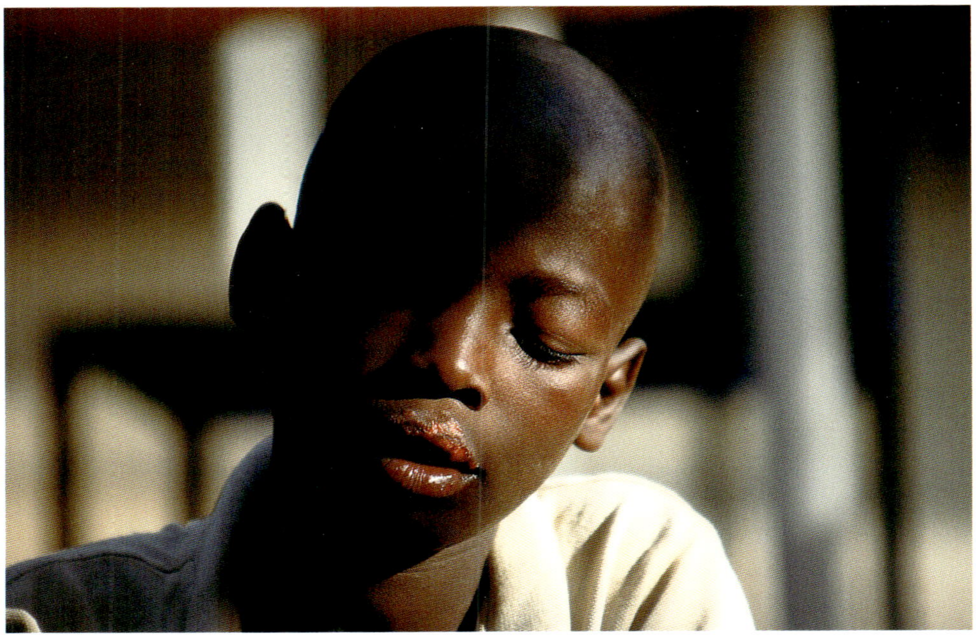

Von oben nach unten:
Frau aus Banankoro, Mädchen aus Sigole, Schuhputzerjunge aus Ségou

Auf die wieder und wieder abgewaschenen Holztafeln schreiben die Koranschüler heilige Texte.

» AM UFER DES NIGER
Dorfchef von Sekoro

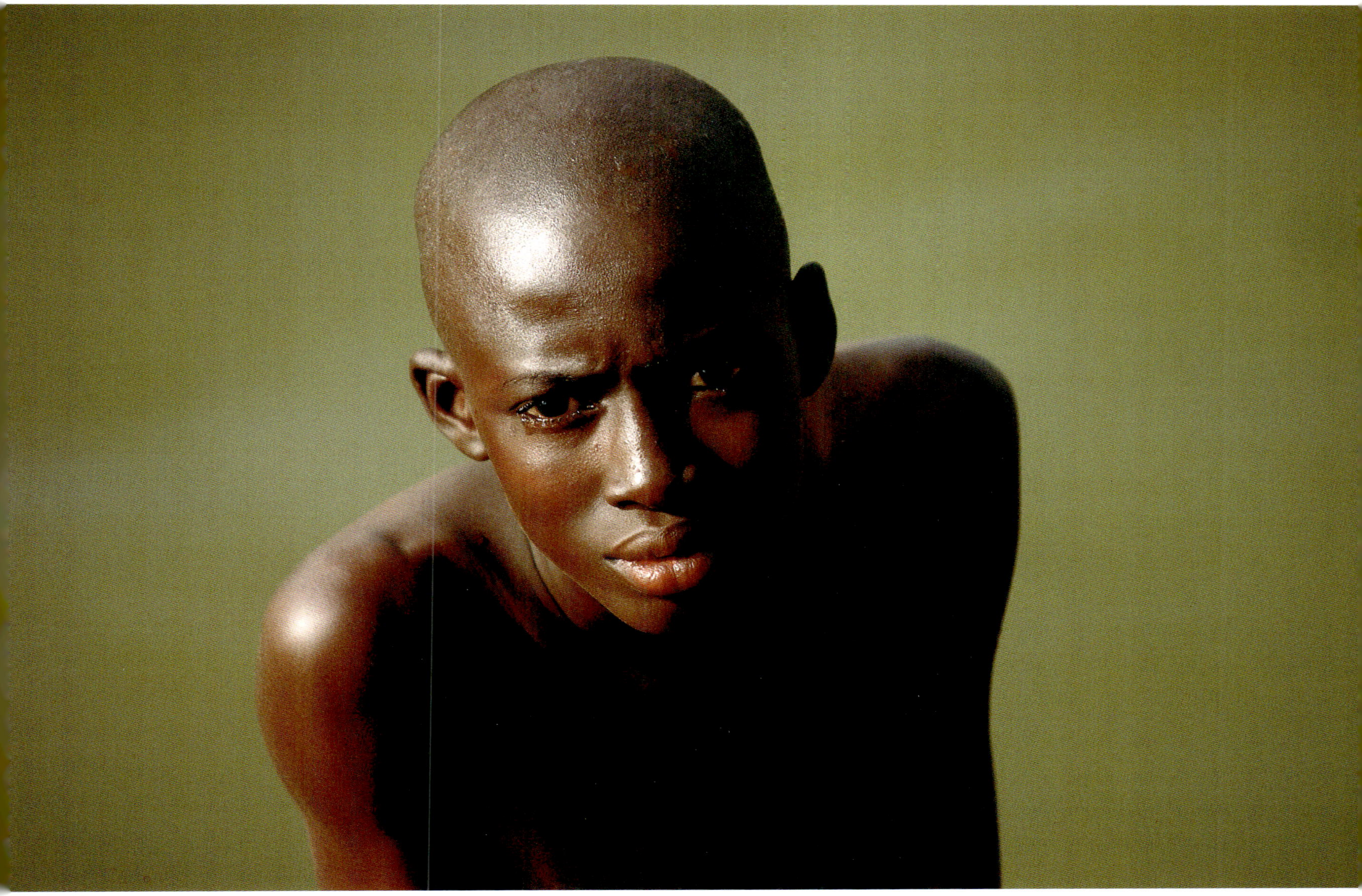

Junge beim Bad im Niger

Von oben nach unten:
das Haus des Marabout von Ségou,
Innenhof einer Moschee,
die Sankoré-Moschee in Timbuktu

» AM UFER DES NIGER
In Nimitogo

Im Nigerhafen von Mopti beherrschen die Mauren den Handel mit Salz. Große, schwere Platten schimmern im Sonnenlicht, werden zersägt, zerschlagen, portioniert, abgewogen und verkauft. Das Salz kommt, wie seit Jahrhunderten, aus dem Herzen der Sahara. Taoudeni heißt der Ort, an dem noch heute unter unbarmherzigen Bedingungen Salz gewonnen wird. Die Azalai, die großen Kamelkarawanen, brechen auf von Timbuktu, der sagenumwobenen Stadt am südlichen Saharарand, um mehr als einen halben Monat später bei den Salzminen anzukommen. Die Kamele werden

Am Rande der Sahara

mit Salzplatten schwer beladen und wieder zurückgeführt – siebenhundert Kilometer auf der alten Karawanenstraße zum »Hafen der Wüste«, nach Timbuktu. Und ein hartes Lächeln liegt auf den sonnengegerbten Gesichtern der Karawanenführer, wenn sie wieder heimgekehrt sind, ohne Verluste an Mensch und Tier. Mit lauten Hat-hat-Rufen spornen sie ihre Kamele in den letzten Stunden an. Jeder soll sehen, dass sie und die Tiere stark sind und nach den bestandenen Gefahren noch immer Kraft haben. Außer dem Salz der Karawanen, das auf dem Niger mit Pinassen nach Mopti verschifft wird, kommen kaum mehr Waren durch die Wüste.

Vom Ende des 13. bis in das späte 16. Jahrhundert war Timbuktu, das heute Tombouctou heißt, einer der wichtigsten Knotenpunkte des Transsaharahandels. Unter den Songhay von Gao, besonders dem Herrscher Askia Mohammed, erlebte die Stadt in der Wüste um 1500 eine kulturelle Blütezeit. Damals sollen zwanzigtausend Studenten die Sankoré-Universität besucht haben – mehr als Timbuktu heute Einwohner hat. Gelehrte aus aller arabischen Herren Länder unterrichteten dort und in den einhundertachtzig Koranschulen. Der Fama nach soll die Bibliothek einige zehntausend Schriften umfasst haben – für die damalige Zeit eine

unglaubliche Anzahl. Und so erstaunt es nicht, dass Timbuktu für die Europäer seit alten Zeiten ein Geheimnis und ein Wunder war. Im katalanischen Atlas Karls V. von Frankreich aus dem Jahr 1375 findet sich bereits eine Abbildung des Herrschers Mansa Moussa, der in der Linken ein Zepter hält und mit der Rechten einem verschleierten Kamelreiter eine Goldkugel zeigt. Mansa Moussa war der Herrscher, der die Stadt entscheidend förderte. Auf seiner Pilgerreise nach Mekka begründete er den legendären Ruf Timbuktus als Goldstadt. Während eines Aufenthalts in Kairo verschenkte er so viel Gold, dass der Preis dafür sich jahrelang nicht erholte. Als unter den Abenteurern der europäischen Nationen das Reisefieber ausbrach, war Timbuktu eine der ersten Adressen. Was hoffte man nicht alles zu finden, welche Schätze zu entdecken! Mungo Park kam 1805 bis Kabara, dem Hafen von Timbuktu. Alexander Gordon Laing, ebenfalls ein Schotte, wurde im Jahr 1826 nach wenigen Tagen Aufenthalt ausgewiesen und auf der Heimkehr von eigenen Leuten ermordet. Der Franzose René Caillié schaffte es, zwei Wochen dort zu bleiben, musste sich aber stets verborgen halten. Erst der deutsche Forschungsreisende Heinrich Barth, der von Sheik Ahmed el Bakhaï freundlich aufgenommen wurde, konnte 1853/54 einige Monate in Timbuktu leben und dabei durch astronomische Beobachtungen die Lage der Stadt festschreiben, die bis dahin höchst umstritten war. In Europa! Das Geheimnis, das Timbuktu für die Europäer dargestellt hatte, war gelüftet. Es waren keine Schätze mehr zu finden, wenigstens keine materiellen. Timbuktu schlief am Rand der Sahara, sank ab zur Bedeutungslosigkeit und wird heute durch neugierige Reisende und deren Devisen vor dem Verfall bewahrt.

Von oben nach unten:
Kamelreiter,
Friedhof von Timbuktu,
Blick über Timbuktu vom Dach der großen Moschee

» AM RANDE DER SAHARA
Eine Azalei kehrt von Taoudeni nach Timbuktu zurück.

» **AM RANDE DER SAHARA**
Markt in Gorom-Gorom, der Stadt im »Land der blauen Zelte«

Ziegenmarkt in Falagountou

» AM RANDE DER SAHARA
Targi bei Petoy

» AM RANDE DER SAHARA
Hirte bei Kabara

» AM RANDE DER SAHARA
Bei Aribinda

Der Schmied von Assakan

Junge Peul-Hirtin bei Kourori

» AM RANDE DER SAHARA
Mädchen mit frischen Skarifikationen aus Danga

Fischfang in Tassamakat

Kasbah im Dadès-Tal

Einen gigantischen Wall von mehr als viertausend Metern Höhe bildet das Atlasgebirge. Dort ist die Heimat der Berber. Der Maghreb al Aksa, das Land des Sonnenuntergangs im äußersten Westen Afrikas, also Marokko, ist von ihnen, so will es die Legende, zu Moses' Zeiten besiedelt worden. Ein einheitliches Volk sind sie jedoch schon lange nicht mehr. Indoeuropäische, negride, semitische und hamitische Merkmale werden von Forschern ebenso konstatiert wie solche der Turkvölker. Der 1999 verstorbene Monarch Hassan II. schrieb: »Marokko gleicht einem Baum,

Durch den Hohen Atlas

dessen nährende Wurzeln tief im Boden Afrikas gründen und dessen Blattwerk durch die Winde aus Europa Luft zum Atmen bekommt.« Und so fühlen sich Europäer seltsam heimisch und vertraut fremd im Lande der Berber.

Eingeladen bei der Familie des alten, würdigen Saïd aus Imiter, einem Kasbahdorf im Oued Gheris, ist das zu spüren, zu greifen. Die Frauen bereiten in der rußgeschwärzten Küche über offenem Feuer die Mahlzeit, den Couscous. Er wird mit Ras el Hanout, einer Mischung aus siebenundzwanzig Gewürzen, schmackhaft gemacht. Es gibt keinen Herd. Auf zusammengeschobenen Steinen stehen die Töpfe für den Hartweizengrieß, das Gemüse, das Lammfleisch. Die Frauen kauern daneben, sitzen auf Hockerchen und plauschen. Frisches Fladenbrot wird gebacken und zum Nachtisch werden wir Haloua, den süßen Honigkuchen, essen. Die Männer lagern derweil auf Teppichen und Kissen im rundum grünglänzend gestrichenen Wohnraum und erklären sich und den anderen die Welt. Als der Couscous serviert wird, setzen sich die vier Frauen der Familie in eine Ecke des Wohnraums und warten. Zwischen den Männern steht das in einer großen Schüssel kegelförmig aufgeschüttete Mahl. Saïd nimmt das

Fleisch und portioniert es, reißt es mit kurzen, kräftigen Rucken auseinander. Der Gast erhält das beste Teil. Aber ein weiteres, großes Fleischstück vom Feinsten bleibt für die Frauen – die nach dem Essen kichernd eingestehen, vorsorglich hätten sie sich in der Küche gutes Fleisch beiseite gelegt. Natürlich essen wir mit den Fingern der rechten, der reinen Hand, nehmen das Fladenbrot zu Hilfe. Mir fällt Rudyard Kipling ein, dessen Kim sagt: »Gewisse Dinge sind unbekannt denen, die mit Gabeln essen.« Als die Männer geendet haben, trägt Hassan, Saïds Sohn, die noch immer mehr als reichlich gefüllte Schüssel zu den Frauen. Geraume Zeit nach dem Essen beginnt Saïd mit der Teezeremonie. Zwar zelebriert er sie bis zu zehn, zwölf Mal täglich, aber jedes Mal ist es ein besonderes, kleines Fest. Mit gezielten Hieben eines schweren, abgebrochenen Teils einer geschmiedeten Feldhacke zerlegt er einen Zuckerhut in scheinbar nach Gramm ausgewogene Teile. Auf dem kleinen Kocher brodelt grüner Tee in einer verzierten Metallkanne. Mit spitzen Fingern lässt Saïd Stück für Stück in die Kanne fallen. Sodann prüft er einige Stängel frischer Minze. Sorgsam entfernt er welke Blätter und harte Stielteile, stößt den Rest in das dampfende Tee-Zucker-Gebräu. Der alte Saïd strahlt eine stille, vergnügte Sicherheit aus. Er weiß, welches Teil wann und für wie lange zum Ganzen gefügt werden muss. Er fühlt es: der Tee wird gut. Das erste Glas, das des Hausherrn, wird zischend aus hoch gehobener Kanne eingefüllt, dann zurückgegossen, wieder hin und wieder her, wohl zwanzig Mal, damit der Thé à la menthe schäumt, damit eine steife Schaumkrone im Glas bleibt. Dann erst kann das Gläschen Tee mit seiner starken Wirkung Schluck für Schluck genossen werden.

163 ≫ DURCH DEN HOHEN ATLAS
In der Nähe des Tizi-n-Tafilalet tränkt ein Berber seine Kamelherde.

» DURCH DEN HOHEN ATLAS
Berber-Mädchen bei Tamtattouchte

Auf dem Markt in Amellago

» DURCH DEN HOHEN ATLAS
Berber-Mädchen lagern auf Felsen im Oued Gheris.

Maultiere und Esel, an einen Pflock und aneinander gebunden, beim Dreschen

Frauen tragen die Ernte nach Hause.

» DURCH DEN HOHEN ATLAS
Der alte Saïd aus Imiter

In einem Kasbahdorf im Oued Gheris

» DURCH DEN HOHEN ATLAS
Schlangenbeschwörer auf dem Platz Djemaa el Fna in Marrakesch

In der Avenue Mohammed V bei der Koutoubia-Moschee in Marrakesch

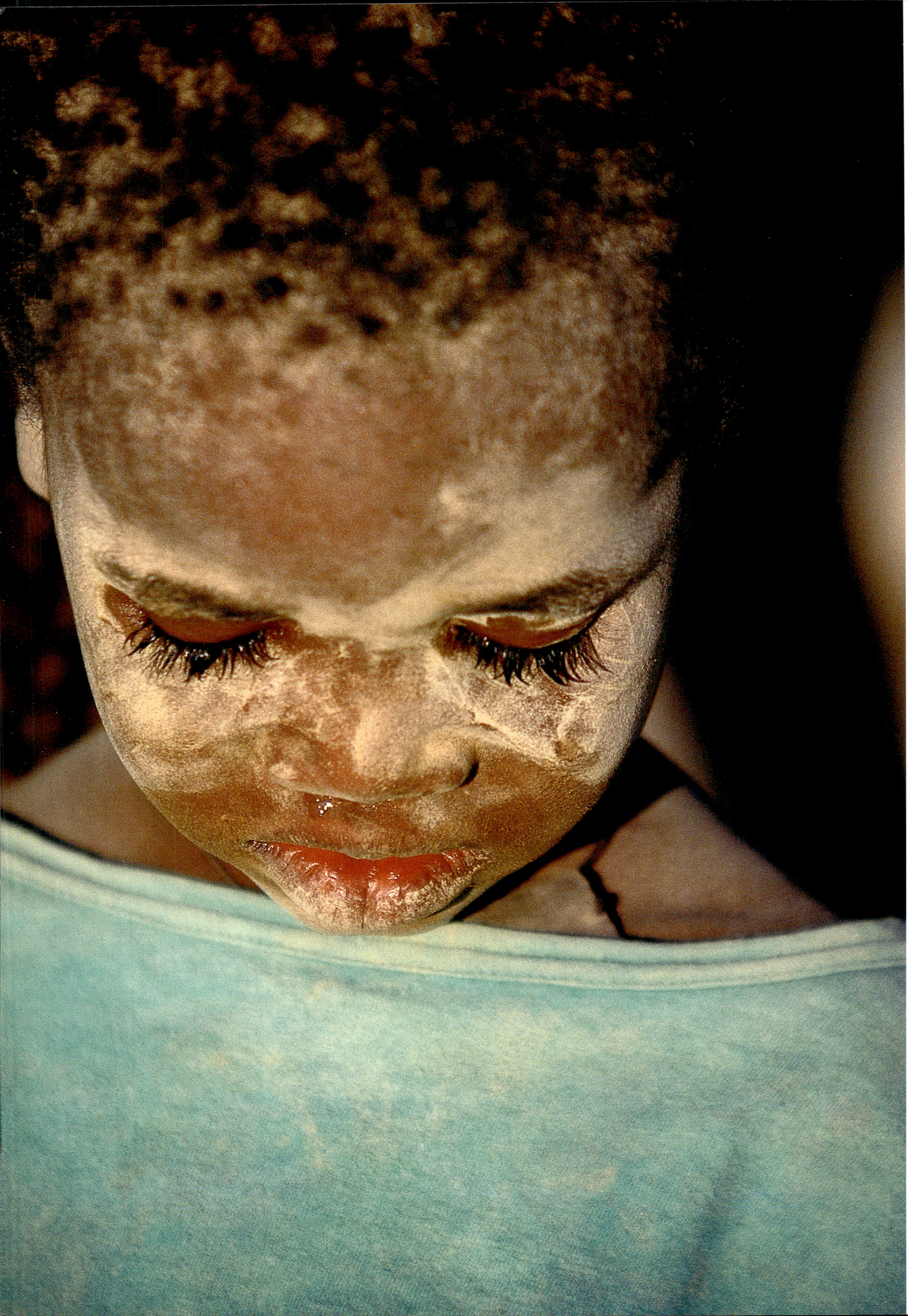

Titel: Goldgräbermädchen aus Odienné, Elfenbeinküste
Umschlagrückseite: Himba-Frau am Kunene, Namibia

Bilder auf den Seiten 1–16:

1 Koranschüler aus Bani, Burkina Faso
2/3 Die bemalte Lehmhütte ist ein winziges »Kaufhaus«, der Junge der Verkäufer. Bei Zabré, Burkina Faso
4/5 Hinter den Uferdünen des Niger in Mali, kurz vor Timbuktu, liegen Gärten. Wasser wird aus dem Fluss geschöpft.
6/7 Im Schutz der alten Lehmmauer wird in You, Burkina Faso, neugierig die Ankunft des Weißen beäugt.
8/9 Die zwei Söhne des Maskentänzers von Pelegana, Mali
10/11 Alter in Yerebougou, einem kleinen Dorf tief im Busch, Mali
12/13 Mädchen in Navrongo, Ghana
14/15 Herrenrunde auf dem Markt von Dori, Burkina Faso
16 Marktfrau aus Maroua, Kamerun

Bilder auf den Seiten 179–191:

179 Ein Grandseigneur der Himba, der das Posieren sicher nicht gelernt hat, Namibia
180 Junger Mann aus Mayagnioua, Alantika-Berge, Kamerun
181 Mbororo-Mädchen bei Tchamba, Kamerun
182 Haltestelle für das Buschtaxi unter dem mächtigen Baobab, Mali
183 Wasserträgerin, Mali
184 Ovambo-Frau auf einer Farm am Okavango, Namibia
185 Straßenszene in Garoua, Kamerun
186 Ihm dient die uralte Uniform noch immer als Bekleidung, Namibia
187 Stolzer Herero in Ovitoto, Namibia
188 Der Schwertträger des Lamido von Wangai, Kamerun
189 Herero-Frau aus Omaruru, Namibia
190 Junge in Sesfontein, Namibia
191 Spaßvogel in Douala, Kamerun

IMPRESSUM

Originalausgabe
1. Auflage 2003
Fotografie und Texte: Alfred Meyerhuber
Layout und Typografie: Philippa Walz und Andreas Opiolka, Stuttgart
Lithografie: Reprostudio Harald Schmidt, Nürnberg
Redaktion: Stefanie Kaiser
Druck: Passavia Druckservice, Passau
Printed in Germany

Die Fotografien wurden in ihrer Komposition nicht verändert, es wurden keine Ausschnitte gewählt oder verfremdende Bearbeitungen durchgeführt.

ISBN 3-89716-482-5